Nivernais – Nièvre

C.

Comité des arts

N° 81.

ARMORIAL

DE L'ANCIEN DUCHÉ DE NIVERNAIS.

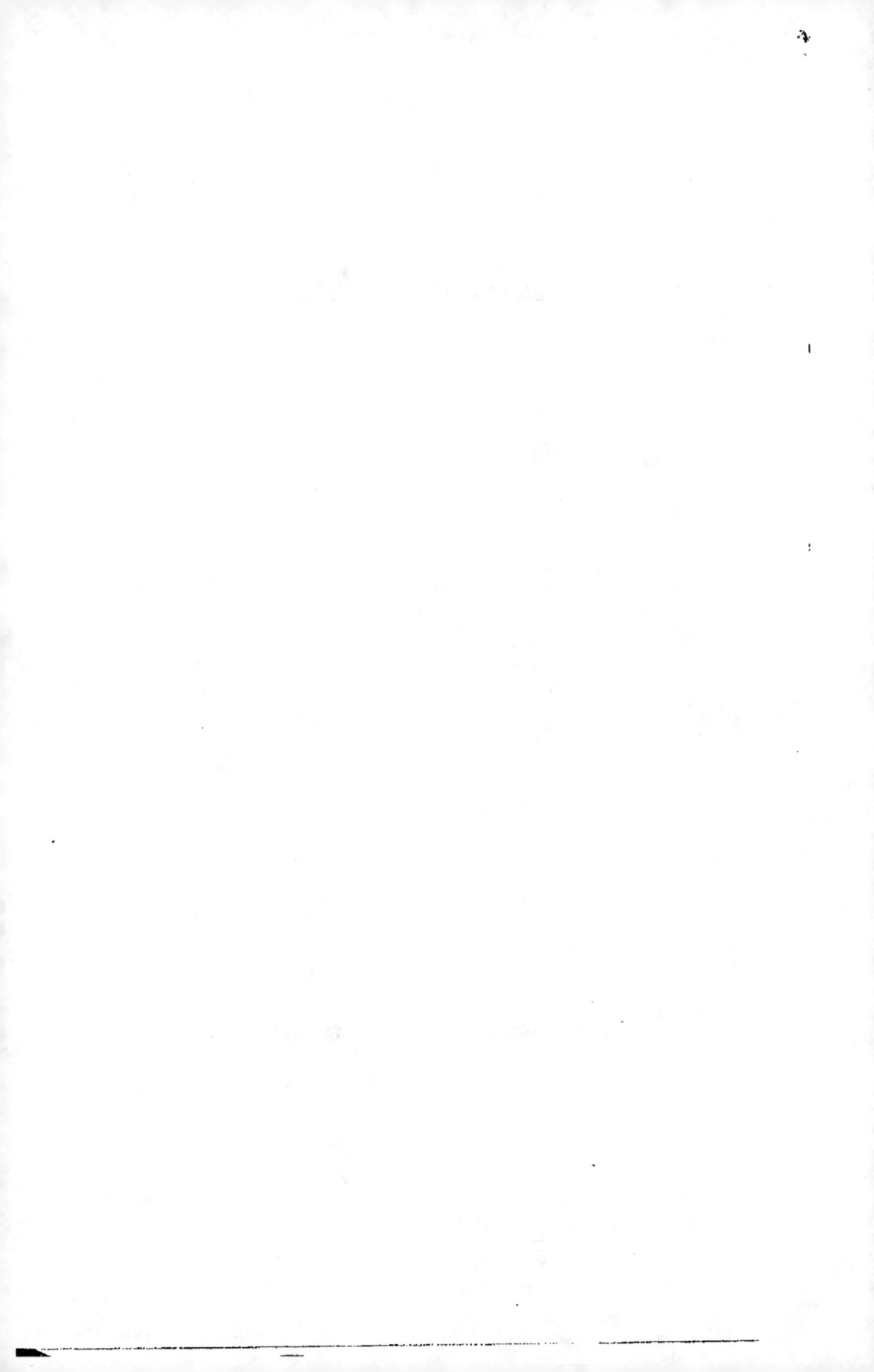

ARMORIAL

DE

L'ANCIEN DUCHÉ DE NIVERNAIS,

Par M. Georges DE SOULTRAIT,

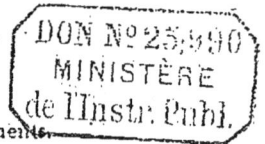

Correspondant du Comité des Arts et Monuments.

❖

NEVERS,

L.-M. FAY, IMP. DE LA PRÉFECTURE ET DE L'ÉVÊCHÉ.

—

1844.

ARMORIAL

DE L'ANCIEN DUCHÉ DE NIVERNAIS.

Nous voulons essayer, dans une série d'articles dont nous offrons le premier aux lecteurs de l'*Annuaire*, de donner un armorial des familles nobles du Nivernais.

M. Eysenbach a publié un travail analogue à celui que nous entreprenons (*Annuaire de la Nièvre* pour l'année 1843, deuxième partie); mais dans sa notice, plusieurs familles sont simplement citées sans l'énoncé de leur blason, d'autres sont omises, parce que, malgré ses consciencieuses recherches, le savant archiviste de la Nièvre n'avait pu retrouver leurs armoiries. Sa notice, si intéressante du reste, demandait donc un supplément et quelques rectifications. Nos études spéciales sur l'*héraldique* des familles du Nivernais, et les documents que nous avons rassemblés, nous ont peut-être mis à même d'entreprendre ce travail avec quelques chances de succès.

La science du blason, qu'on ne s'y trompe pas, est fort utile, indispensable même aux études historiques et archéologiques. Les armoiries étant empreintes sur presque tout ce qui nous reste du moyen-âge, il importe aux personnes qui veulent connaître cette brillante époque de notre histoire de pouvoir lire ce langage emblématique commun à tous les peuples de l'Europe, langage dont les signes disent l'histoire d'un monument souvent mieux que de nombreuses pages.

Nous pensons donc qu'un armorial fait consciencieusement et avec les connaissances nécessaires, est un travail d'un grand intérêt que l'on devrait entreprendre dans chaque province.

Voici l'ordre que nous avons suivi dans notre article :

Nous donnons d'abord le nom de la famille, puis les fiefs titrés ou non possédés par elle, et dont quelques-uns de ses membres ont pu porter le nom. Nous terminons par la description des armoiries. Dans le but de donner plus de clarté, nous avons cru devoir aussi indiquer le pays primitif des familles qui, étrangères au Nivernais dans l'origine, se sont établies à différentes époques dans notre province.

Notre présente notice contient les articles de soixante-dix familles ; c'est peu en comparaison de toutes celles dont nous aurons à parler; aussi, nous le répétons, ce n'est qu'une première partie. Tenant à n'avancer que des choses vraies, à ne donner que des armoiries authentiques, nous avons dû nous borner aux

familles sur lesquelles nous avions des renseignements suffisants; nous espérons, l'année
prochaine, être à même de donner une suite
considérable, mais pour cela nous aurions be-
soin du concours *des familles;* nous voulons
que notre travail soit aussi complet que pos-
sible. Nous prions donc instamment les personnes du Nivernais dont les noms ne figurent
point dans notre essai, de nous transmettre les
renseignements qu'elles pourraient avoir. Enfin
si, malgré tous nos soins, des erreurs se sont
glissées, qu'on veuille bien nous en avertir;
nous ferons en sorte de les rectifier, trop heu-
reux si nous parvenons à donner un travail utile
aux gens qui s'occupent de l'histoire et des
monuments de notre pays.

Les notes qui, peut-être un peu trop nombreuses, surchargent cet article, nous ont
semblé néanmoins ne devoir pas être omises;
en témoignant de nos recherches, elles donne-
ront de l'authenticité aux armoiries; en outre,
quelques-unes pourront peut-être intéresser
les familles.

On voudra bien remarquer aussi que nous
n'avançons rien sans indiquer notre *source
entre parenthèses.* L'année prochaine, dans
notre second article, nous dirons quelques
mots des ouvrages, titres et documents aux-
quels nous avons eu recours. Nous parlerons
aussi des différents recueils manuscrits faits à
diverses époques sur les familles nobles du
Nivernais.

A n d r a s. — Seigneurs de Cougny, de Montoi, de Changy, de Saincy, de Trégny ; barons de Poiseux ; vicomtes et comtes de Marcy (1).

Armes.— D'argent au chevron de gueules, accompagné de trois tourteaux de même, posés deux en chef et un en pointe. (*Armorial de France,* par d'Hozier) (2).

A n d r a u l t d e L a n g e r o n.—Seigneurs de Langeron, de Cougny, de Bazolle, de l'Ile-de-Mars ; barons d'Ogé et de La Ferté-Langeron ; comtes de Chevrières et de Banains ; marquis de Maulevrier et de La Côte ; comtes et marquis de Langeron.

Armes.— Ecartelé : au 1 et 4 d'azur à trois étoiles d'argent, 2 et 1, qui est d'*Andrault*; au 2 et 3 d'argent à trois faces vivrées de gueules, et une bande d'azur semée de fleurs de lys d'or brochant sur le tout, qui est de *Gencien* (3).

D'A r m e s. — Seigneurs de Trucy-l'Orgueilleux, de La Borde, de La Jarrie, de La Forest-sous-Bouy, de Savène, de Plaimbois, de Moussy, de Villaines, de La Barre ; comtes de Busseaux ; vicomtes et comtes d'Armes.

Armes. De gueules à deux épées d'argent appointées en pile vers la pointe de l'écu, les gardes d'or en bande et en barre, et une rose d'or en chef entre les gardes, et une engrêlure de même autour de l'écu. (*Méthode du blason,* du P. Ménestrier.)

B a b u t e. — Seigneurs de Fontenay, de Verneuil, de Frédefond ; barons de Saint-Pierre-du-Mont et de Germigny en Nivernais, en Bourbonnais et en Berri.

Armes. — Ecartelé : au 1 et 4 d'argent à trois fleurs de pensée d'azur, 2 et 1, qui est de *Babute*; au 2 et 3 palé d'argent et d'azur de six pièces, au chevron de gueules brochant sur le tout, qui est de *Fontenay* (4). (*Dictionnaire de la Noblesse,* par La Chesnaye des Bois) (5).

B e r t h i e r d e B i z y.—Seigneurs de Veulain, de Chassy, de Villaines, de Vanay ; comtes de Bizy.

Armes. — D'azur à la fasce d'or, accompagnée en chef d'une rose d'argent et en pointe de trois glands d'or 2 et 1. (*Dictionnaire de la Noblesse.*)

B e u r d e l o t. —Seigneurs de Fontenilles, de Malfontaines, de Boistaché, etc., originaires de Bourgogne, en Nivernais.

Armes. — D'azur à une bande d'or, chargée de trois fers de dards de gueules et accompagnée de deux besants d'argent, un en chef et un en pointe. (*Dictionnaire de la Noblesse*).

D e B è z e. — Seigneurs de Lys, de La Porte, de La Belouse, de Vesvre, de Pignolle, de Monthourny, de Cholet, de Talon, etc.

Armes. — De gueules à la fasce d'or, chargée de trois roses d'azur et accompagnée en pointe d'une clef d'argent en pal (6). (*Armorial manuscrit de la généralité de Moulins*, à la Bibliothèque royale).

D e B l a n c h e f o r t. — Seigneurs du Château-du-Bois, de Villeneau, de Fondelin, de Saint-Germain-du-Bois. de Thurigny; barons d'Asnois-le-Bourg et de Saligny ; marquis de Blanchefort, originaires du Limousin et en Nivernais (7).

Armes. — D'or à deux lions de gueules passant l'un sur l'autre. (*Dictionnaire de la Noblesse.*)

D e B l o s s e t. — Seigneurs de Villiers, de Précy, de Saint-Pierre, de Planceville, barons de Torcy, etc.

Armes.— Ecartelé : au 1 et 4 de gueules à trois molettes d'argent 2 et 1; et au 2 et 3 palé d'or et d'azur de six pièces, au chef de gueules, chargé d'une face vivrée d'argent. (*Dictionnaire de la Noblesse.*) (8).

D u B o i s - d ' A i s y.— Seigneurs du Bois, de Neuville, de Lanty, de Drasilly, de Saisy, de Poussery, de Pouilly, de Montaron, de Vandenesse, de Marcilly, d'Aisy, du Pont d'Aisy, de Dompierre ; barons, vicomtes et comtes du Bois d'Aisy.

*

Armes. — D'azur à la fasce d'or, accompagnée en chef d'une étoile de même, entre deux fleurs de lys d'argent, et en pointe d'un porc-épic du dernier émail. (*Archives de la noblesse de France*, par Laîné.)

DE BONNAY. — Seigneurs de Menetou, de Verneuil, de Salon, de Pougues, de Bernieu, de Champallement, de La Bussière, de Précy, de Demoret, de Lagrange, de Cossay, de Vomas, de Frasnay ; barons de Bessay; seigneurs, puis comtes et marquis de Bonnay, pairs de France.

Armes. — D'azur au chef d'or, au lion de gueules, couronné de même, brochant sur le tout (9). (*Histoire généalogique des pairs de France*, par de Courcelles).

LE BOURGOING (10). — Seigneurs de Sichamps, de Poissons, d'Aignon, de La Douhée, de Belleperche, de Charly, de Maupertuis, de Moranges; barons et comtes de Bourgoing, pairs de France.

Armes. — D'azur à la croix ancrée d'or. (*Dictionnaire de la Noblesse ; Preuves aux titres de la bibliothèque royale.*)

DE BRESCHARD. — Seigneurs d'Alligny, des Espoisses, de Toury-sur-Abron, de Lys, de Vallerot, de Saint-Pierre-en-Vaux, de Brinay, de Chauvenche, de Lanty, de Chaumont; barons de Bressoles, comtes de Breschard, originaires du Nivernais, en Bourbonnais et en Berri.

Armes. — D'azur à trois bandes d'argent (11). (*Histoire de Malte*, par l'abbé de Vertot.)

BRISSON. — Seigneurs de Clamouse, de Gimouille, de Plagny, de Bazoche, de Ponteau, de Germigny, de Moulins, etc.

Armes. — D'azur à la fasce d'or, accompagnée en chef d'un croissant d'argent, surmonté d'une étoile d'or, et en pointe d'une rose d'argent boutonnée de gueules. (*Armorial de la généralité de Moulins.*)

CARPENTIER. — Seigneurs de Vannes, de Fléchinet, de

Waignon, de Berthier, de Crécy, de Marigny, de Ra-
tilly, de Màchy, de La Thuillerie, de Vanzé, de Cour-
tois; comtes de Changy; baronnets anglais (12), originaires du Cambrésis, en Flandre, en Nivernais et en An-
gleterre.

Armes. — D'azur à trois croissants d'argent, à l'étoile
d'or en abîme (13). (*Dictionnaire de la Noblesse.*)

DE CHAMPS. — Seigneurs de Milly, de Leugy, de
Champs, de Champcourt, de Bussy, de Saint-Léger-de-
Fougeret, de Salorges, de Pesselières, etc.

Armes. — D'azur à cinq mandragores d'argent mal or-
données, au franc quartier d'argent, chargé de cinq mouchetures d'hermine. (*Généalogie aux titres de la bibliothèque royale, Collection Gaignières.*)

DE CHARRY. — Seigneurs de Vuez, d'Arbourse, de
Précy, de Lurcy-le-Bourg, de Jaligny, de Giverdy, de
Fourviel, de Savoie; barons du Ryau; vicomtes de Beu-
vron; comtes de Charry; comtes et marquis des Gouttes;
originaires du Nivernais et en Bourbonnais.

Armes. — D'azur à la croix ancrée d'argent. (*Preuve*
de cour, dressées par Chérin en 1751; aux titres de la B
bliothèque royale.)

DE CHEVENON DE BIGNY.—Seigneurs de Valenay, e
Crécinsenay, de Chevenon, du Breuil, des Barres, de I à
Gorce, de Maulne, de Neuvy, de Préveranges, de Saint-
Amand; comtes d'Aisnay-le-Viel; marquis de Margival
et de Bigny (14).

Armes.—D'azur au lion d'argent, l'écu semé de poissons
de même (15). (*Dictionnaire de la Noblesse; Preuves de
cour*, aux titres de la Bibliothèque royale.)

DE COMEAU. — Seigneurs de Pont-de-Vaux, de Marly,
d'Urly, de Lochère, de Beaune, de Thoisy, de Chassenay, de La Choselle; comtes de Créancy, en Nivernais,
originaires de Bourgogne.

Armes. — D'azur à la fasce d'or, accompagnée de trois

d'Azy, de Bazoches, de Passy, de Martinges; comtes de Villetaneuse; marquis de Pezannes, etc ; en Nivernais et en l'Ile-de-France, originaires de Languedoc (19 *bis*).

Armes. — Losangé d'argent et de gueules. (D'Hozier).

HODENEAU DE BRÉVIGNON. — Seigneurs de Brévignon, de Bonneaux, etc.

Armes. — D'azur au chevron d'or, accompagné de trois étoiles de même, deux en chef et une en pointe. (*Armorial général* de d'Hozier.)

DE LA BARRE. — Seigneurs de La Chaussée, de Villelune, de Chevroux, etc.; en Nivernais, originaires de Beauce.

Armes. — D'argent à la fasce d'azur, chargée de trois coquilles d'or, et accompagnée de deux merlettes de sable. (D'Hozier.)

DE LA BARRE. — Seigneurs de Vernières, de Chaluverdy, de Mopas; barons des Troches et du Chasnay, etc.; en Nivernais et en Bourbonnais.

Armes. — D'azur à trois glands d'or, tigés et feuillés de même, posés 2 et 1. (D'Hozier.)

DE LA FERTÉ DE MEUNG. — Seigneurs d'Alouze, d'Osais, de Villaine, de Saullière, de Chevaine, de Crenay, de La Ferté-Aurain; comtes de Laroche-Milay; comtes et marquis de La Ferté-Meung; originaires de Bourgogne, en Nivernais et en Blésois.

Armes. — Ecartelé : au 1 et 4 d'hermine, au sautoir de gueules qui est *de La Ferté*; au 2 et 3 contrécartelé d'argent et de gueules, qui est *de Meung*. (D'Hozier; *Armorial de France*; *Calendrier de la Noblesse pour 1763*.)

DE LA GRANGE D'ARQÜIEN. — Seigneurs de Montigny, de Vesvres, de La Reculée, de Chaumoy, des Barres, de Berchères, de Sery, de Beaumont, des Bordes, de Prie, d'Infy, de Villedonné, de La Grange, du Haut et du Bas

Foul'oy ; vicomtes de Soulangy ; comtes de Maligny ; marquis d'Espoisses, de Bréviandes et d'Arquien.

Armes. — D'azur à trois ranchiers d'or, 2 et 1 (20). (*Dictionnaire de la Noblesse.*)

DE LA MAGDELAINE DE RAGNY. — Seigneurs de La Magdelaine, de Courcelles, de Coulanges, d'Epiry, de Saint-Emilian ; barons de Marcilly et de Couches ; marquis de Ragny; en Beaujolais et en Nivernais.

Armes. — Ecartelé : au 1 d'hermine à trois bandes de gueules, celle du milieu chargée de cinq coquilles d'or, et les deux autres de trois, qui est de *La Magdelaine* ; au 2 d'or à la croix ancrée de gueules, qui est de *Damas*; au 3 de gueules à trois bandes d'argent, qui est de *Clugny*; au 4 bandé d'or et d'azur de six pièces, à la bordure de gueules, qui est de *Bourgogne ancien.* (La Chesnaye des Bois.)

DE LAMOIGNON. — Seigneurs de La Chanai, de Nannai, de Viel-Mannai, de Grandpré, de Laleuf, de Rivière, de Montifault, de La Brosse, de Meets, de Blancmesnil, de Malesherbes, de Montrevaux, de Cérisay; barons de Saint-Yon et de Bohardy; comtes de Lauhey-Courson; marquis de Basville et de La Motte ; vicomtes de Lamoignon ; pairs de France.

Armes. — Losangé d'argent et de sable au franc quartier d'hermine, et par concession royale, accordée en 1817, un écusson d'azur chargé d'une fleur de lys d'or en abîme. (*Dictionnaire de la Noblesse; Histoire généalogique des pairs de France,* par de Courcelles.)

DE LANGE *alias* L'ANGE. — Seigneurs de L'Echenault, de Saint-Claude, de Saint-Aubin, de La Motte-Lange, de Chevenon, de Marcy, de Chardonnières, de La Croix-Rousse (faubourg de Lyon); barons de Villemenan ; marquis de Château-Renaud ; en Nivernais et en Lyonnais.

Armes. — D'azur au croissant montant d'argent, surmonté d'une étoile de même. (*Dictionnaire de la Noblesse.*)

DE LAPERRIÈRE. — Seigneurs de Laperrière, de Billy, de Frasnay-le-Ravier, de Chuffort, de La Boue, de Saint-Michel-en-Longue-Salle, de Veaux, de Mont-des-Prix, de Chainon-aux-Maillots, de Bazoches, du Bouchet, de Lancy; en Nivernais et en Saintonge.

Armes. — D'argent à la fasce de gueules, surmontée de trois têtes de léopard de même, couronnées d'or. (De Courcelles.)

DE LARIVIÈRE. — Seigneurs d'Aunay, de Bainard, de La Malmaison, de Beaumont, de Champallement, de Brinon, de Rochefort, de Cési, de Montdoubleau, de Champlemy; comtes de Dammartin ; marquis de Larivière.

Armes. — D'argent à la bande de sable. (De Courcelles. *Histoire généalogique des pairs de France.*)

LECLERC DE FLEURIGNY. — Seigneurs de La Motte de Luzarces, de Cours-les-Barres, de Ferrières, de Saint-Sauveur-en-Puisaye, de Villebon, de Chaumont, de Vallières, de La Chapelle-sur-Oroux, de Sargines ; barons de La Forest-du-Roi et de Givry; comtes de Viguory; marquis de Fleurigny: originaires de Bretagne, en Nivernais, en Bourgogne et en Brie.

Armes. — De sable à trois roses d'argent 2 et 1, au pal de gueules brochant sur la rose du milieu (21). (*Dictionnaire de la Noblesse; Histoire des chanceliers de France,* par Fr. Du Chesne.)

LECLERC DU TREMBLAY. — Seigneurs d'Aunay, du Tremblay, de Nonneville, marquis du Tremblay; en Nivernais, originaires de Château-Thierry.

Armes. — D'argent au chevron d'azur, accompagné de trois roses de gueules. (*Dictionnaire de la Noblesse.*)

42. DE LESPINASSE. — Seigneurs de Changy, de Maulévrier, d'Esnon, de Thory, de Sévignon, de Champallement, de Saint-André; barons de Combronde, de Saint-Hpize et de Jaligny; sires et barons de La Clayette;

comtes et marquis de Langeac et d'Arlet ; sires et barons de Lespinasse ; originaires du bailliage de Semur, en Brionnais, en Auvergne, en Bourbonnais, en Champagne et en Nivernais.

Armes. — Ecartelé : au 1 et 4 d'or au dauphin pâmé d'azur, qui est des *dauphins d'Auvergne*; au 2 d'or au gonfanon de gueules, frangé de sinople, qui est d'*Auvergne*; au 3 d'azur semé de fleurs de lys d'or, à la tour d'argent brochant sur le tout, qui est de *Latour d'Auvergne*; sur le tout : fascé d'argent et de gueules de huit pièces, et au centre un écusson de gueules à la bande d'argent et au lambel de même, qui est de *Lespinasse*. (*Histoire généalogique des pairs de France*, par de Courcelles.)

DE LICHY DE LICHY. — Seigneurs de Parigny-sur-Sardolle, de Grand-Champ, de Chevroux ; comtes et marquis de Lichy; en Nivernais et en Bourbonnais.

Armes. — D'azur à la bande d'argent, accostée de trois losanges d'or. (*Armorial manuscrit* de la généralité de Moulins.)

DE LORON. — Seigneurs de Domery-sur-Chores, de Servon, de Tharosi, de Villaines, de Ferrières ; barons de Limanton ; en Nivernais et en Bourgogne.

Armes. — De sable à une fasce d'argent. (*Dictionnaire de la Noblesse.*)

MANCINI-MAZARINI (22). — Ducs de Nevers et de Nivernais ; pairs de France, etc.

Armes. — Ecartelé : au 1 et 4 d'azur à la hache consulaire d'or liée d'argent, à la fasce de gueules, chargée de trois étoiles d'or brochant sur le tout, qui est de *Mazarini*; au 2 et 3 d'azur à deux poissons d'argent en pal, qui est de *Mancini*. (*Histoire généalogique des pairs de France*, par de Courcelles.)

MARION. — Seigneurs de Courcelles, de Massonvilliers, de Villeneuve-de-Givry, de La Mosle; marquis

de Courcelles et de Soudeilles ; barons, vicomtes et comtes de Druy.

Armes. — D'azur à un croissant d'argent surmonté d'une étoile d'or. (La Chesnaye, *Dictionnaire de la Noblesse.*) (23)

DE MAUMIGNY. — Seigneurs de Boux, du Loron, de La Boue, de Saint-Michel-en-Longue-Salle, de Rivières, de Chevannes, de Riejot, de Verneuil, de Selines-sur-Loire ; comtes de Maumigny.

Armes. — D'argent au chevron de sable, accompagné en pointe d'une étoile de gueules, au chef cousu d'or. (*Archives de la Noblesse de France*, par Laîné.)

DE MELLO. — Seigneurs de Lormes, d'Espoisses, de Givry, de Saint-Bris, de Blaigny, de Saint-Parize, de Breschart, de Mello ; comtes de Château-Chinon ; originaires de Picardie, en Auxerrois, en Bourbonnais et en Nivernais.

Armes. — D'or à deux fasces de gueules, à l'orle de neuf merlettes de même. (*Dictionnaire de la Noblesse.*) (24)

DE MENOU. — Seigneurs de Boussay, de Sevenières, de Lougny, de La Forge, de Laroche-Alais, de Billy, de Champlivault, de Prunay-le-Gillon ; barons de Pontchâteau ; comtes de Charnisay ; marquis de Menou ; originaires du Perche, en Berri, en Touraine, en Nivernais, etc.

Armes. — De gueules à la bande d'or. (*Dictionnaire de la Noblesse.*)

DE MESGRIGNY. — Seigneurs d'Origny, de Poussé, de Fontaines, de Choisques, de Roblecourt, de Vaux, de Brévandes, de Champigny, de Vandœuvre, de Villebertin, de Marcilly, de Savoie ; barons de Colombey et de Lonchey ; vicomtes de Troye ; comtes d'Aunay ; marquis de Villeneuve et de Mesgrigny ; pairs de France ; originaires de Champagne, en Nivernais et en Bourgogne.

Armes. — D'argent au lion de sable. (*Dictionnaire de la Noblesse.*)

DE MONCORPS. — Seigneurs de Beauvais, de Bruères, de *Chéry* (25), de Saully, de Migny, de Coulangeron, de Levis, du Chesnoy, de Saint-Bonnet; comtes de Moncorps; originaires de Bourbonnais, puis en Bourgogne et en Nivernais.

Armes. — D'argent à sept mouchetures d'hermine de sables trois, trois, une. (*Dictionnaire de la Noblesse.*)

DE PALIERNE DE CHASSENAY. — Seigneurs de Mémorin, de La Vallée, de l'Ecluse, de La Brenne, du Moûtier, de Marigny, de Montesche, du Châtellet, de Chassenay, de La Tour-de-Beaugy, de Sceaux, etc. (26)

Armes. — D'azur à trois mondes d'or, croisés et cerclés d'argent, posés 2 et 1, et trois larmes d'argent posées 1 et 2. (*Armorial manuscrit* de la généralité de Moulins, *Armorial manuscrit* du quinzième siècle, du Bourbonnais et de l'Auvergne, à la Bibliothèque royale.)

PINET. — Seigneurs de Tabourneau, des Ecols, de Mantelet, de Maupas, de Baulne, etc.

Armes. — D'azur à trois pommes de pin d'or, posées 2 et 1. (*Armorial* de la généralité de Moulins.)

PITOIS. — Seigneurs de Monthelon, de Couchey, de Lavault, de La Creuse, de Mercurey, de Chanecy, de La Chasnaye, de Chaligny, d'Estoulle, de Chaudeney, de Saint-Maurice, de Saint-Bonnet, de Quincize, etc., originaires de Bourgogne, en Nivernais.

Armes. — D'azur à la croix ancrée d'or (27). (*Armorial* de D'Hozier.)

DE PRÉVOST DE LACROIX. — Seigneurs de Sonnotte, de Préjailly, du Channay, de Crécy, de Germancy; comtes de Prévost; marquis de Lacroix; originaires du Poitou, en Bourgogne et en Nivernais.

Armes. — Ecartelé : au 1 et 4 d'argent à trois hures de

sanglier de sable, posées 2 et 1, qui est de *Prévost*; aux 2 et 3 de gueules à deux clefs d'argent adossées et passées en sautoir, qui est de *Clermont-Tonnerre* (28). (*Armorial de France* de Lainé.)

DES PREZ OU DES PRÉS. — Seigneurs de Roche, de Chevigny, de Charly, de Poissons, de Vesvre, de Loudun, de La Mothe, de Latigny, de Cougny; marquis des Prez; en Nivernais et en Bourbonnais.

Armes. — D'azur au chevron d'argent, accompagné de trois coquillles d'or, deux en chef et une en pointe. (*Armorial manuscrit* de la généralité de Moulins.)

DE PRIE. — Seigneurs de Moulins, de Chateauclor, de Gargilesse, de Thesmillon, de Montpoupon; barons de Buzançois; marquis de Toucy et de Plannes; comtes et marquis de Prie; en Nivernais, en Berry et en Normandie.

Armes. — De gueules à trois tiercefeuilles d'or, au chef de même, chargé d'un aigle à deux têtes de sable (29). (*Dictionnaire de la Noblesse.*)

RAPINE. — Seigneurs de Sainte-Marie, de Fourcheraine, de Boisvert, etc.

Armes. — D'argent au chevron engrêlé de gueules, accompagné de trois coquilles de même (30). (*Armorial manuscrit* de la généralité de Moulins.)

DES REAULX (31). — Seigneurs de Bernay, de Baugetain, de Cheffelet, de Brison, de Grisy, d'Athis, de Nogent-sur-Aube, de Chardonnet, de Brantigny; barons de Lirey; marquis des Reaulx; originaires du Nivernais, en Brie et en Champagne.

Armes. — D'or au lion léopardé monstrueux de sable, à la tête humaine de carnation chevelée et barbée du second émail. (*Armorial* de Lainé.)

DE REUGNY. — Seigneurs de Riejot, de Vernière, de Vilatte, de Molandrie; barons de Lafin; comtes et marquis du Tremblay; marquis de Reugny.

Armes. — Palé d'argent et d'azur , au croissant de gueules brochant sur le tout. (*Armorial manuscrit* de la généralité de Moulins.)

RICHARD DE SOULTRAIT. — Seigneurs de Chanvé, de l'Isle, de Sornay , de Montcouroux, de Toury-sur-Abron , de Lamotte-Farchat, de Fleury-sur-Loire, de Soultrait, etc.; originaires du Comtat-Vénaissin, en Nivernais.

Armes. — Ecartelé : au 1 et 4 d'argent à deux palmes de sinople, adossées et passées en chevron , accompagnées en pointe d'une grenade de gueules , tigée et feuillée de sinople, qui est de *Richard* ; au 2 et 3 d'azur à une corne d'abondance d'or. (*Armorial manuscrit* de la généralité de Moulins.)

SALLONNIER. — Seigneurs d'Argoulois , de La Motte-Duplessis, de Villerot , de Nyon, du Perron, de Pouilly, de Rosemont , d'Avrilly, de Montsauche ; comtes de Tamnay ; originaires de Provence (32), en Nivernais.

Armss. — D'azur à une salamandre d'or lampassée de gueules, dans des flammes de même. (*Armorial manuscrit* de la généralité de Moulins.)

DE SAULIEU. — Seigneurs de Remeron , de Moy, du Pavillon-de-Trangy, de La Chomonerie, de Saincaise, de Soulangis, etc.; originaires de Bourgogne, en Nivernais.

Armes. — Tiercé en face : au 1 de gueules à trois étoiles d'or; au 2 d'or plein ; au 3 d'azur au lévrier passant d'argent, colleté de gueules, bordé et cloué d'or. (*Dictionnaire de la Noblesse de France*, par de Courcelles.)

TENON. — Seigneurs de Fonfay, d'Azy, de Nanveignes; barons de La Guerche.

Armes. — Ecartelé : au 1 et 4 de sable à la face d'or; au 2 et 3 de sable à deux lions passants d'or (33). (*Armorial* gravé par Magueney, dix-septième siècle.)

DE LA TOURNELLE. — Sires, vicomtes et marquis de

La Tournelle ; originaires de Touraine (34), en Nivernais et en Bourgogne.

Armes.— De gueules à trois tours d'or, 2 et 1. (*Etrennes de la Noblesse pour 1775.*)

DE VAUX. — Seigneurs de Germancy, de Fleury-sur-
Loire, de La Motte-Farchat , de Merlay, de La Bussière, etc.

Armes. — D'azur au chevron d'argent, accompagné de
trois étoiles d'or, deux en chef et une en pointe, au chef
d'argent chargé d'une étoile de gueules. (*Armorial manuscrit* de la généralité de Moulins.) (35)

DUVERNE. — Seigneurs de La Chaulme , de Giverdy, de
La Varenne , de Marancy, de Villiers, de Reveillon, de
Fourcherennes, etc.; originaires du Beaujolais, en Ni-
vernais.

Armes.—Fascé de sable et d'argent. (Lainé, *Archives gé-
néalogiques de la Noblesse.*) (36)

DE VILLAINES. — Seigneurs de Fleury-sur-Loire, de
La Motte-Farchat , de Bouy, de Saint-Pardoux, de La
Condemine, de Sarragousse, de Corme; barons de Givry;
en Nivernais et en Bourbonnais.

Armes.— Ecartelé : au 1 et 4 d'azur au lion d'or; au 2
et 3 de gueules à neuf losanges d'or 3, 3, 3. (D'Hozier.)

VYAU. — Seigneurs de Fontenay, de Beaudreuille, de
La Garde, etc.

Armes. — D'azur à une porte de ville ouverte, flanquée
de deux tours d'argent et supportant une troisième tour
crénelée de même et maçonnée de sable, celle-ci sommée
d'un lion issant d'or, armé et lampassé de gueules, tenant
de sa patte dextre une demi-pique d'or armée de sable et
houppée de gueules. (*Armorial manuscrit* de la généralité de Moulins.)

(Extrait de l'*Annuaire de la Nièvre.*)

NOTES.

(1) Les familles sans indication de province sont originaires du Nivernais et ont habité cette province.

(2) *Armorial général de France*, par C. d'Hozier, 10 vol., Paris, 1736-1768.

(3) JACQUES GENCIEN, à la bataille de Mons-en-Puelle, livrée contre les Flamands le 18 août 1304, portait la cotte d'armes du roi Philippe-le-Bel; il fut tué à côté de ce prince, qui accorda à ses descendants le droit d'ajouter à leurs armes une bande d'azur semée de fleurs de lys d'or. (*Tableau de la Noblesse*, par le comte de Waroquier de Combles, tome 2.)

(4) A cause du mariage de GASPARD DE BABUTE avec PHILIBERTE DE FONTENAY, le 31 janvier 1541. (Thaumas de La Thaumassière, *Histoire du Berry*.) — Les armes de la famille de FONTENAY se trouvent dans un armorial manuscrit de l'Auvergne et du Bourbonnais, dressé par GUILLAUME REVEL, dit AUVERGNE, hérault du roi Charles VII, armorial qui est à la Bibliothèque royale. Nous comptons publier un travail sur ce recueil si intéressant pour le Bourbonnais et par conséquent pour notre province. Cet armorial renferme, outre une immense quantité d'écussons, des dessins de beaucoup de villes et châteaux de l'ancien domaine des ducs de Bourbon.

(5) *Dictionnaire de la Noblesse de France*, par l'abbé de La Chesnaye-des-Bois, 15 vol. in-4°, Paris, 1770 et suiv. J'aurai souvent occasion de citer cet ouvrage ainsi que l'armorial de d'Hozier indiqué plus haut.

(6) Le *Dictionnaire de la Noblesse* se trompe en disant que les armes de la famille de Bèze sont sur fond d'azur.

(7) En 1514, par le mariage de GUY DE BLANCHEFORT, cinquième du nom, dit GUYOT ou GUYNOT, avec PERRETTE DUPONT, dame du Château-Dubois, de Villeneau, de Fondelin, etc.

(8) L'armorial gravé de la ville de Paris blasonne ainsi les armes de JEAN BLOSSET, baron de TORCY, chevalier des

ordres du roi, lieutenant-général de Paris et de l'Ile-de-France, en 1572 et 1577 : *Ecartelé : au 1 et 4 pallé d'or et d'azur de six pièces, au chef de gueules chargé d'une face vivrée d'argent; au 2 et 3 burelé d'argent et de gueules de dix pièces, au lion de sable couronné d'or brochant sur le tout.*

A la fin du dix-septième siècle, ISAAC BLOSSET, escuyer, seigneur de Précy, portait simplement : *Pallé d'or et d'azur de six pièces.* (*Armorial manuscrit* de la généralité de Moulins, à la Bibliothèque royale.)

(9) Ces mêmes armes se voient au nom de BONNAY dans un armorial manuscrit de 1420, composé par BERRY, hérault d'armes du roi Charles VI; seulement le lion y est armé, couronné et lampassé d'argent.

(10) Dans les anciens titres le nom de cette famille se trouve écrit de plusieurs manières : LE BOURGOING, BOURGOING, BOURGOIN, etc.

(11) Les armes de cette famille se trouvent dans les auteurs, tantôt comme je les indique ici, tantôt bandées d'azur et d'argent. Je pense que les trois bandes sont à préférer, d'après le sceau de CLAUDE DE BRESCHARD, seigneur D'ALLIGNY, maréchal-des-logis de cinquante hommes des ordonnances du roi en 1554, sceau qui est attaché à une pièce aux titres de la Bibliothèque royale, et qui porte trois bandes.

L'*Armorial manuscrit* du Bourbonnais et de l'Auvergne dont nous avons déjà parlé donne aussi les armes de BRESCHARD à la ville de Moulins.

(12) Arrêt de maintenue de noblesse de 1669, signé par le roi.

(13) Les armes primitives de cette famille étaient *d'azur au chevron d'or, accompagné de trois croissants d'argent.* Le changement dans ces armoiries s'opéra au quinzième siècle.

(14) Le premier nom de cette noble famille était DE CHEVENON ; elle y ajouta celui de BIGNY, après en avoir épousé l'héritière.

(15) Quelques auteurs prétendent que les poissons sont d'or; toutefois nous croyons devoir partager l'opinion de ceux qui les indiquent comme étant d'argent.

(16) DE CORVOL et non DE COURVOL (DE CORVOL, DE CORVOLLIS dans les chartes), illustre maison de chevalerie du Nivernais, connue dès la fin du onzième siècle. Sa généalogie a été imprimée en 1753, un vol. in-4°.

(17) L'une des plus grandes maisons de France; issue des comtes de Forez de la première race, par les sires de Beaujeu.

(18) JEAN DE GANAY, chancelier de France en 1507, portait : *D'argent à la fasce de gueules, chargée de trois roses d'or 2 et 1, accostées de deux coquilles de même, le tout sur ladite fasce.* (*Histoire des chanceliers de France*, par Fr. Duchesne.) Plus tard quelques membres de cette noble famille ajoutèrent un aigle morné de sable en chef: de là sans doute l'écusson actuel de la famille.

(19) Les grappes sont tantôt d'azur, tantôt de sable, tantôt de gueules; nous avons adopté le second de ces émaux comme se trouvant dans les documents les plus authentiques.

(19 *bis*) GUILLAUME GIRARD, premier du nom, chevalier sénéchal de la principauté de Talmont en Saintonge, vivait en 1201. (*Jugements sur la noblesse du Languedoc*, par le marquis d'Aubais, page 140.)

(20) « Messire FRANÇOIS DE LA GRANGE, baron DE MON- » TIGNY, maréchal de France l'an 1616. D'azur à trois » ranchiers courants d'or; cet animal est plus grand que » le cerf : toutefois il lui ressemble, excepté qu'il a les » cornes merveilleusement grandes, larges, plates et pres- » que comme celles des daims, ils sont comme les cerfs » d'une très-longue vie. » (Wlson de La Colombière.)

(21) A dater de 1513, quelques membres de cette fa- mille ont pu écarteler les armes de la maison de FLEURIGNY, *de sinople au chef d'or, au lion de gueules brochant sur le tout.* (La Chesnaye-des-Bois.)

(22) La maison de MANCINI, connue pendant ses deux

premières générations sous le nom d'Omni-Sancti, figurait dès le milieu du quatorzième siècle parmi les plus anciennes familles de la ville de Rome. Michel-Laurent Mancini, baron romain, épousa, le 6 août 1634, Jéronime Mazarini, sœur du cardinal premier ministre. Il en eut un fils que son oncle le cardinal institua héritier des duchés de Nevers et de Donzy, à condition que lui et ses descendants porteraient le nom et les armes de Mazarini-Mancini. (De Courcelles, *Histoire des pairs de France.*)

(23) Quelquefois les membres de cette famille écartelèrent : *D'or à un arbre de sinople sur une terrasse de même.* (La Chesnaye.) — On trouve ces armes ainsi écartelées dans un armorial manuscrit des familles du Nivernais, qui est à la Bibliothèque royale sous le numéro 1095, suppléments français. On lit sur la première page : « Cy » après sont les armes, noms et surnoms d'une partie des » gentilshommes et bourgeois de Nivernois et de la ville de » Nevers.» Plus bas : « Ce livre cy dessus a esté faict pour » la curiosité du sieur de Challudet et en l'an 1638.»

(24) Ces armes se retrouvent sur le sceau de Guillaume de Mello (Guillelmus de Melloto), pendant à une charte de 1221 aux archives du royaume. (J., 256, pièce 5.)

(25) On a souvent confondu la famille de Moncorps avec celle de Chéry, également originaire du Bourbonnais, à cause d'un fief de Chéry dont quelques membres de la famille de Moncorps ont porté le nom. Ces deux nobles familles sont parfaitement distinctes l'une de l'autre. Les Chéry, dont nous parlerons dans la deuxième partie de notre travail, portent des armes différentes et n'ont aucune communauté d'origine avec la famille qui est l'objet de cet article.

(26) Le fief de Palierne, situé dans la banlieue de Moulins, ne relevait que du roi. Le sieur de Chenebras, écuyer, gentilhomme ordinaire de Monsieur, frère du roi, rend, le 30 décembre 1669, son aveu et dénombrement à Sa Majesté pour le fief de Palierne. (Note communiquée par M. de Palierne de Chassenay, d'après une pièce originale en sa possession.)

(27) Nous trouvons dans l'*Extrait de l'histoire du bon chevalier* JACQUES DE LALAIN (édition de Bruxelles, 1634, page 194 et suiv.), que « dans une passe d'armes, en 1450,
» on remarquait un escuyer, nommé CLAUDE PITOYS, dont
» les armes étaient escartelées d'une croix ancrée d'or sur
» fond d'azur et d'un chevronnée d'or et d'azur à la bordure
» de gueules. Un autre escuyer JEAN PITOYS écartelait sa
» croix ancrée d'un losange d'or et d'azur. » —A la page 369 de l'*Armorial manuscrit* de l'Auvergne et du Bourbonnais du quinzième siècle, dont nous avons déjà parlé, se trouve un écusson portant d'azur à une croix ancrée d'or, cantonnée au 1 canton d'un croissant aussi d'or; autour de cet écu on lit sur une banderolle : *Jehan Pitoye crie pitoye.*

(28) A cause du mariage de CLAUDE PRÉVOST DE LACROIX, escuyer, seigneur de SONNOTTE et de PRÉJAILLY, avec FRANÇOISE-VIRGINIE DE CLERMONT-TONNERRE.

(29) Au quinzième siècle, LOUIS DE PRIE, premier du nom, chevalier, baron DE BUSANÇOIS, portait : écartelé : au 1 et 4 *de gueules à trois tiercesfeuilles d'or*, qui est de *Prie*; au 2 et 3 *d'or à un aigle à deux têtes de sable, couronnée de gueules*, qui est de *Busançois*. (La Chesnaye.) Plus tard cette famille, au lieu d'écarteler l'aigle de *Busançois*, le mit en chef et porta : *De gueules à trois tierces feuilles d'or, au chef de même, chargé d'une aigle à deux têtes de sable.*— Dans l'*Armorial manuscrit* du quinzième siècle que nous avons cité plus haut, on lit : « Le tymbre
» de Prye est la teste d'un esgle, et crye: *Cris d'oyseaulx!*»
Tel était en effet le cri de guerre des sires de PRIE.

(30) Les diverses branches de cette famille se distinguèrent par des écartelures; ainsi les RAPINE DE BOISVERT portaient : Ecartelé : au 1 et 4 d'argent au chevron engrêlé de gueules, accompagné de trois coquilles de même, deux en chef et une en pointe; au 2 et 3 fascé d'azur et d'argent de quatre pièces, les fasces d'azur chargées, la première, de deux, et la seconde, d'une couronne à l'antique d'or, et les fasces d'argent aussi chargées, la première, de deux, et la seconde, d'un cœur de gueules. (*Armorial manuscrit*

de la ville de Nevers, de 1638, dont nous avons parlé dans une note, à l'article *Marion*.)

(31) Cette famille porte dans les anciens titres le nom de Des Ruyaulx; c'est celui d'une seigneurie dans la châtellenie de Cuffy, que cette maison a possédée depuis le milieu du onzième siècle jusqu'au seizième. (*Archives du royaume.*)

(32) « Imbert de Solas, gentilhomme natif de Salon en
» Provence, capitaine de réputation, aimait les mouve-
» ments des armes et la guerre; il quitta son païs en 1390 et
» entra au service de Philippe-le-Hardi, duc de Bour-
» gongne, et après la mort de ce prince occis en la journée
» d'Asincourt, en l'an 1415, s'attacha à la personne du
» jeune prince Charles, fils dudit Philippe, comte de
» Nevers et de Rhétel, ce qui l'attira en la province et
» comté du Nivernois, et fut ledit Imbert créé par le jeune
» prince, du consentement de Bonne d'Artois, sa mère,
» capitaine des chastels de Molins en Gelbert et Desise, et
» morut au premier dans une grande vieillesse; il laissa
» de Lorance de Trbilhac, sa femme, Humbert et Jehan.
» Jehan de Solilas, dit Salonier comme son père, d'où
» sont sortis aucuns dudit nom Salonier, qui comme dirait
» de Salon, d'où jadis sourdit Humbert ou Imbert qui
» subsistent encore au païs de Nivernois. »

(Extrait du livre de l'*Origine des noms*, par messire Jean-Denis Cusset, avocat au siége de Clermont. A Lyon, chez Claude Morel, 1595.)

(33) Les anciennes armes de cette famille étaient : d'azur au buste de femme d'argent, habillé et chevelé d'or, accompagné de trois étoiles d'or, 2 et 1. (*Armorial* de Nevers de 1638.)

(34) L'origine de cette maison se perd dans la nuit des temps; il est à croire qu'elle a une souche commune avec les anciens comtes et ducs de Touraine, connus sous la seconde race de nos rois et au commencement de la troisième. — La ville de Tours porte encore les mêmes armes que cette famille; quoi qu'il en soit, la maison de La Tournelle a possédé de très-grands fiefs en Nivernais et

en Bourgogne, entre autres le comté d'Auxois, dont plusieurs de ses membres ont porté le nom. (*Etrennes de la
Noblesse pour 1775*, page 246.)

(35) Ces armes se voient, accollées à celles de la famille
Baudereuil, sur un bas-relief du seizième siècle, dans
l'église Saint-Aré de Decize, bas-relief dont M. Girerd a
donné la description dans sa remarquable *Notice sur Decize*. (Voir l'*Annuaire de la Nièvre pour 1843*, deùxième
partie.)

Nous ne pouvons nous empêcher de rappeler ici tout le
mérite de cette intéressante notice, qui, sous un titre trop
modeste, nous donne l'histoire complète de la seconde ville
du Nivernais.

(36) L'*Armorial manuscrit* de la généralité de Moulins
indique ces armes d'une manière un peu différente :
« François Duverne, escuier, seigneur de La Chaulme et
» de Giverdy, *de sable à trois fasces d'argent.* »

www.ingramcontent.com/pod-product-compliance
Lightning Source LLC
Chambersburg PA
CBHW060809280326
41934CB00010B/2614